일러두기
이 책에서 소개하는 재활용 및 분리배출 방법은 모바일 앱 '내 손안의 분리배출'의 내용을 따랐습니다.
'내 손안의 분리배출'은 환경부 산하 한국환경공단, 한국포장재재활용사업공제조합, 한국순환자원유통지원센터가
공동으로 참여하여 만든 가이드 앱으로, 누구나 손쉽게 분리수거를 실천할 수 있도록 올바른 분리배출 방법을 알려 줍니다.

오늘부터 매일매일 환경 실천

정다빈 글   배누 그림

주니어 RHK

차례

프롤로그 4

짜장면과 볶음밥을 집으로 주문했어요.
일회용 수저는 공짜니까 일단 달라고 했어요. 8

다 먹은 쭈쭈바 포장 비닐과 용기를
담벼락 구멍에 몰래 끼워 넣고 왔어요. 10

목이 말라서 시원한 음료수를 마셨어요!
오늘은 분리배출하기 귀찮으니까 그냥 버릴래요. 12

오늘은 분리배출하는 날!
차곡차곡 모아 둔 우유팩을 '종이류'에 버렸어요. 14

하나 더! 알쏭달쏭! 쓰레기 분리배출 방법 16

상점을 구경하다가 예쁜 에코백을 발견했어요.
집에 여러 개 있지만 하나 더 살래요! 18

재밌게 가지고 놀던 장난감이 이제 싫증 났어요.
새 장난감 사 달라고 할래요! 20

하나 더! 오늘부터 제로 웨이스트 22

한 번 접어서 꾸깃거리는 색종이는 버리고,
새 색종이로 접을래요! 24

하나 더! 종이는 어떻게 만들어질까요? 26

좋아하는 반찬이 나와서
평소보다 많이 받았더니 결국 남았어요. 28

학교 끝나고 집으로 가는 길,
오늘도 편의점 가서 컵라면이랑 감자 칩 사 먹을래요! 30

초록 마크가 있는 걸 보니 친환경 세제가 분명해요.
이걸 사자고 해야겠어요! 32

엄마가 놀이터 갈 때는 물을 꼭 챙기라고 했어요.
놀기 불편하니까 그냥 '무라벨 생수' 사 마실래요! 34

화장실에서 나오면서 깜빡하고 불을 안 껐어요.
귀찮으니까 그냥 있을래요! 36

하나 더! **오늘은 불 끄는 날!** 　　　　　38

- 수도꼭지를 틀어 놓은 채로 양치질했어요.
  물이 콸콸 쏟아져요! 　　　　　40

- 걸어서 10분 거리에 있는 공원에서 친구와
  놀기로 했어요. 차로 데려다 달라고 할래요! 　　　　　42

- 더운 여름날, 에어컨을 틀었더니 시원해졌어요!
  희망 온도는 계속 18℃로 맞춰 놓을래요. 　　　　　44

- 언제 어디서든 스마트폰 앱으로
  재밌는 영상을 스트리밍 해서 봐요! 　　　　　46

- 우리 집 식탁에는 매일매일 고기반찬이 있어요.
  내일도 꼭 고기반찬 해 달라고 할래요! 　　　　　48

하나 더! **고기가 식탁에 오르기까지** 　　　　　50

- 물건을 사고 받은 종이 영수증을
  주머니에 구겨 넣었어요! 　　　　　52

- 친구랑 문구점에 가서 새하얀 공책과
  딸기 향 나는 사인펜을 샀어요! 　　　　　54

- 유행이 지난 옷은 입기 싫어요.
  모두 의류 수거함에 버릴래요! 　　　　　56

- 교실에 벌이 날아들어 왔어요.
  우리를 공격할까 봐 빗자루를 마구 휘둘렀어요! 　　　　　58

- 주말에 가족들과 함께 돌고래 보러
  아쿠아리움에 다녀왔어요! 　　　　　60

- 햇볕이 쨍쨍한 날! 지렁이가 길 위에서
  꼼짝 못 하고 있어요. 모르는 척 지나갈래요. 　　　　　62

- 산에 가니 바닥에 도토리가 많이 떨어져 있어요.
  잔뜩 주워서 집에 가져갈래요. 　　　　　64

- 가족들과 바닷가에 놀러 갔어요.
  밤에 폭죽을 터뜨리며 불꽃놀이했어요! 　　　　　66

같이 해요!

미로찾기
도전! 우리 동네 플로깅 　　　　　68

다른그림찾기
우리 땅에서 나는 작물을 먹어요 　　　　　70

숨은그림찾기
바다를 깨끗하게 만들어요! 　　　　　72

연결하고 색칠하기
오랑우탄을 구해 주세요! 　　　　　74

선택하기
오늘부터 매일매일 환경 실천! 　　　　　76

어른들에게 　　　　　78

정답 　　　　　80

프롤로그

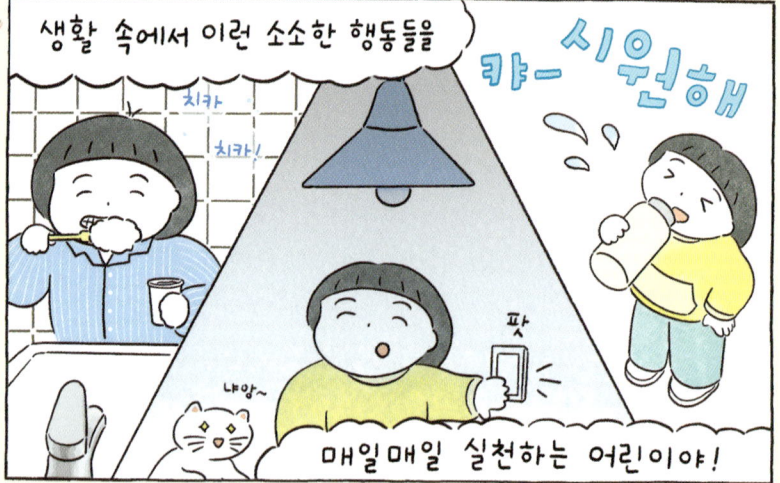

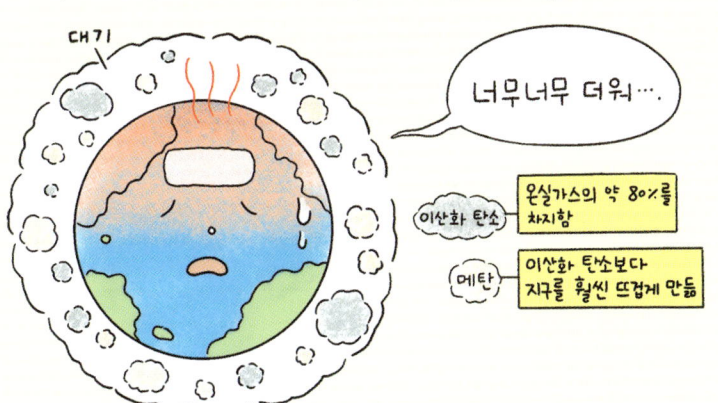

필요 없는 물건 거절하기

짜장면과 볶음밥을 집으로 주문했어요.
일회용 수저는 공짜니까 일단 달라고 했어요.

주문하거나 포장해 온 음식을 집에서 먹을 때는 주로 다회용 수저를 사용하기 때문에 일회용 수저가 필요 없어요. 무료로 주는 반찬도 먹지 않을 거라면 처음부터 받지 않아도 되고요. '공짜니까 괜찮아!', '언젠가 필요할 거야.' 하는 가벼운 마음으로 받아 둔 일회용품이나 반찬은 결국 나중에는 엄청난 쓰레기가 되어 버려질 거예요.

필요하지 않다면 거절해요!

사용하지 않을 일회용품, 먹지 않을 반찬은 받지 않겠다고 말해요.
우리는 쓰레기를 만들지 않아서 좋고, 가게는 낭비를 줄일 수 있으니까요.

- 음료를 시키면 함께 주는 일회용 빨대, 종이 영수증 거절하기
- 길에서 나눠 주는 광고지나 사은품 거절하기
- 필요 없는 우편물이 오면 받지 않겠다고 연락하기

아무 데나 쓰레기 버리지 않기

다 먹은 쭈쭈바 포장 비닐과 용기를 담벼락 구멍에 몰래 끼워 넣고 왔어요.

'오늘 딱 한 번만' 하는 마음이 들어도 아무 데나 쓰레기를 버리면 안 돼요. 쓰레기가 자연에서 썩어 없어지기까지는 아주 오랜 시간이 필요하거든요. 나무젓가락은 약 20년, 과자 봉지는 약 80년, 음료수 캔과 플라스틱병, 비닐은 약 500년이 걸린답니다. 또 쓰레기는 이곳저곳을 떠돌며 고약한 냄새를 풍기고 오랫동안 자연을 더럽혀요.

쓰레기는 집에 가져가서 버려요!

간식을 먹고 나서 생기는 쓰레기를 버릴 데가 없다면 집으로 가져가요.
가방 안에 넣으면 가방이 더러워질 수 있으니 쓰레기 주머니를 챙겨 다니면 더 좋겠지요?
'오늘만 버려야지!' 대신 '오늘도 버리지 말아야지!' 하는 마음을 가져요!

- 누군가 쓰레기통이 아닌 곳에 쓰레기를 버려도 따라 하지 않기
- 나들이 갈 때는 쓰레기 주머니 챙겨 가기
- 걷거나 천천히 달리며 쓰레기 줍기(플로깅)

가로수 아래, 놀이터 의자 등에 쓰레기를 버리는 경우가 많아요!

재활용·분리배출하기 ①

목이 말라서 시원한 음료수를 마셨어요!
오늘은 분리배출하기 귀찮으니까 그냥 버릴래요.

♻ 마크가 붙어 있는 물건은 재활용할 수 있어요. 즉, 불에 태우거나 땅에 묻지 않고 새 물건으로 다시 만들어 쓸 수 있다는 뜻이에요. 하지만 재활용할 수 있는 물건을 종량제 봉투에 버리거나, 이물질을 깨끗하게 씻어 내지 않거나, 서로 다른 재질을 분리하지 않고 섞어 배출하면 결국 일반 쓰레기가 돼요.

기준에 맞게 음료수병을 분리배출해요!

올바른 방법으로 음료수병을 버려야 재활용할 수 있어요.
쓰레기를 제대로 버리는 네 가지 원칙, '비·헹·분·섞'을 꼭 기억하세요!

용기를 **비**우고

깨끗하게 **헹**궈서

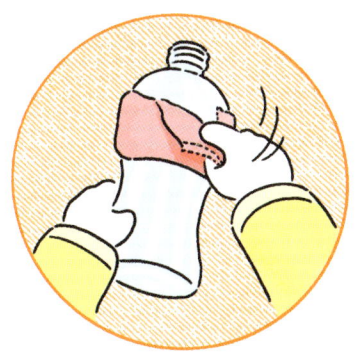

라벨 등 부착물은 **분**리하고

다른 재질과 **섞**이지 않게 버려요!

지구를 위한 또 다른 실천

- 플라스틱병, 캔은 찌그러뜨려서 버리기
- 분리배출 표시 꼭 확인하기
- 투명 페트병 수거함이 있다면 플라스틱과 투명 페트병 따로 버리기

용기 안에 이물질이 들어가지 않아 재활용률이 높아져요. 부피도 줄이고요!

재활용·분리배출하기 ②

오늘은 분리배출하는 날!
차곡차곡 모아 둔 우유팩을 '종이류'에 버렸어요.

우유팩은 대개 양면이 우유에 젖지 않도록 비닐로 코팅된 종이팩이에요. 종이팩은 일반 종이와 섞어서 버리면 안 돼요. 냉장고용 우유팩, 멸균팩 등 종류별로 모아 각각 구분해서 버려야 나중에 휴지, 키친타월 등으로 재탄생할 수 있어요. 하지만 현재 우리나라에서는 종이팩 10개 중 2개도 채 재활용되지 못하고 있어요.

우유팩은 '종이팩류'에 버려요!

우유팩은 깨끗이 헹구고 펼쳐서 말린 후, 하나로 묶어서 버려요.
우리 집 분리수거장에 종이팩 수거함이 없다면 행정복지센터에 연락해 보세요.
종이팩을 직접 가져가면 휴지, 종량제 봉투 등과 교환해 주기도 한답니다.

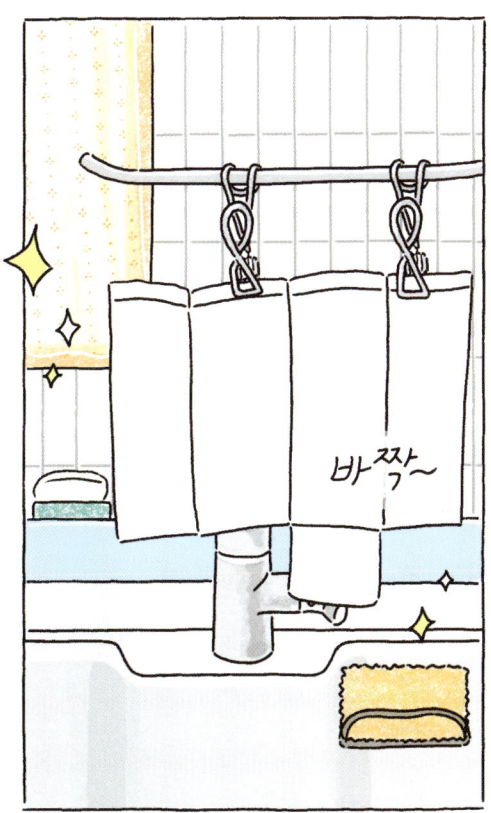

- 멸균팩도 종이팩! 냉장고용 종이팩과 구분하여 버리기
- 종이팩 수거함이 없다면 종이팩을 수거해 주는 앱 이용하기
- 시·군·구청에 종이팩을 따로 수거해 달라고 요청하기

하나 더!
알쏭달쏭! 쓰레기 분리배출 방법

쓰레기를 제대로 구분해서 버리고 싶지만 어떻게 해야 할지 헷갈리는 경우가 종종 있을 거예요. 각 쓰레기의 정확한 분리배출 방법을 알아보아요!

과자 봉지

내용물이 남아 있지 않도록 봉지 안을 비운 뒤, 깨끗하게 헹궈서 비닐류로 배출해요. 비닐은 색깔, 재질에 상관없이 재활용할 수 있어요.

칫솔

대부분의 칫솔대는 재활용이 어려운 종류의 플라스틱으로 만들어져요. 또 칫솔모, 칫솔대는 서로 다른 재질이어서 종량제 봉투에 버려야 해요!

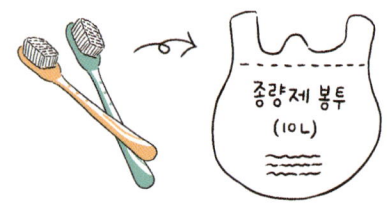

종이테이프, 영수증

종이테이프는 뒷면의 접착제가 물에 녹지 않아 재활용할 수 없어요. 영수증도 표면이 화학 물질로 코팅되어 있어서 일반 쓰레기로 버려야 해요.

일회용 나무젓가락, 나무 꼬치

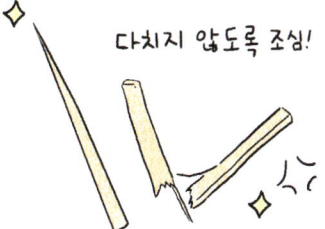

나무젓가락과 나무 꼬치는
재활용되지 않아서
일반 쓰레기로 버려야 해요.
길이가 길기 때문에
반으로 쪼개서 버리면 좋겠지요?
혹시 날카로운 부분이 봉투를 뚫고
튀어나오면 다칠 수도 있으니
안쪽으로 잘 밀어 넣으세요.

스프링 노트

스프링과 속지를 분리한 뒤
플라스틱 스프링은 플라스틱류,
철 스프링은 고철류,
코팅된 표지는 일반 쓰레기,
속지는 종이류로
배출해요.

매직, 사인펜

플라스틱과 잉크가 섞여 있어서
재활용하기 어려워요.
종량제 봉투에 넣어 주세요.

송장이 붙어 있는 택배 비닐 봉투

송장과 비닐은 분리해서 버려야 해요.
비닐의 접착제 부분도 제거해야 하고요.
잘 떼어지지 않는다면 가위로 오려서
송장과 접착제 부분은 일반 쓰레기에,
나머지는 비닐류에 버려요!

물건 오래 사용하기

상점을 구경하다가 예쁜 에코백을 발견했어요. 집에 여러 개 있지만 하나 더 살래요!

집에 에코백이 많은데도 디자인이 예쁘다는 이유로 새 에코백을 또 사면 안 돼요. 에코백 하나를 만드는 데는 비닐봉지와 종이봉투를 만들 때보다 훨씬 많은 재료와 에너지가 사용되고, 탄소도 많이 배출되거든요. 에코백을 여러 개 사는 것, 사서 자주 들지 않는 것 모두 지구를 아프게 하는 일이에요.

 **이렇게 해요!**

에코백은 딱 1개면 충분해요!

에코백을 적게는 수백 번, 많게는 수천 번 사용해야 환경을 보호하는 데 도움이 돼요.
마음에 드는 에코백 딱 하나만, 해질 때까지, 오래오래 아껴서 사용해 주세요.

 **지구를 위한 또 다른 실천**

- 안 쓰는 에코백은 깨끗하게 세탁해서 친구들에게 나눠 주기
- 텀블러는 딱 하나만 사서 잘 관리하여 오래 쓰기
- 비닐봉지는 찢어지거나 더러워져서 사용하지 못할 때까지 여러 번 쓰기

안 쓰는 물건 바꿔 쓰기

재밌게 가지고 놀던 장난감이 이제 싫증 났어요. 새 장난감 사 달라고 할래요!

장난감이 우리 손에 오려면 정말 많은 과정을 거쳐야 해요. 재료를 구하고, 공장에서 계속 기계를 돌리며 원하는 모양을 찍어 내고, 색도 입혀야 하죠. 장난감이 완성되면 트럭, 배, 비행기 등에 실어 옮겨야 하고요. 이 과정에서 에너지가 많이 사용되고 탄소도 많이 배출된답니다. 멀쩡한 장난감을 두고 새 장난감을 사는 것은 환경을 오염시키는 일이에요!

이렇게 해요!
새로 사지 말고 바꿔 써요!

누구나 가지고 놀던 장난감에 싫증이 날 수 있어요. 이럴 땐 '아나바다 장터'에 가져가서 새 장난감으로 바꿔 보세요. 여러분은 새 장난감이 생겨서 좋고, 원래 가지고 놀던 장난감은 다른 사람 손에서 더 가치 있는 물건이 될 테니까요!

- '장난감 도서관'에 가서 새 장난감 빌리기
- 더 읽지 않을 책은 친구와 바꿔 읽기
- 어른과 함께 중고 거래 앱을 이용해 이웃과 물건 교환하기

도서관마다 장난감을 빌릴 수 있는 나이가 달라요. 가기 전에 미리 확인하세요!

하나 더!
오늘부터 제로 웨이스트

제대로 분리배출하는 것도 중요하지만, 더 중요한 것은 쓰레기를 만들지 않는 거예요.
오늘부터 쓰레기(Waste)를 0(Zero)으로 만드는 '제로 웨이스트'에 도전해 볼까요?
아래 다섯 가지 방법을 차례대로 실천해 보아요!

❶ 거절하기

한 번 보고 버리는 광고지나 영수증, 사용하지 않는 일회용 빨대 등 필요 없는 물건은 거절해요.

❷ 줄이기

쇼핑하기 전에 '구입 목록'을 작성해서 꼭 필요한 물건만 사요. 물건을 살 때 불필요한 포장이 많은 제품은 되도록 선택하지 말고요. 더 이상 사용하지 않는 멀쩡한 물건은 버리지 말고 주변에 나누어요!

다섯 가지 방법을 실천하면

❸ 재사용하기

물건을 살 때는 일회용품 대신 여러 번 사용할 수 있는 제품을 골라요. 종이컵 대신 텀블러, 일회용기 대신 다회용기를 쓰고, 구멍 난 옷은 수선해서 입어요.

❹ 재활용하기

①~③ 방법을 실천해도 쓰레기가 생길 수 있어요. 재활용되는 쓰레기는 분리배출 법칙 '비·헹·분·섞'을 잘 지켜 알맞게 버려요.

❺ 썩히기

과일 껍질, 달걀 껍데기 등은 잘게 만들어 흙과 섞거나 썩히면 퇴비로 만들 수 있어요.
자연을 아프게 하지 않으면서 쓰레기도 줄이는 방법이랍니다.

오늘부터 제로 웨이스트 도전!

쓰레기 줄이기 대성공!

종이 아껴 쓰기

한 번 접어서 꾸깃거리는 색종이는 버리고, 새 색종이로 접을래요!

종이는 나무를 베거나 우리가 분리수거장에 버린 종이를 재활용해서 만들어요. 1년에 한 사람이 사용하는 종이는 약 40만 장인데, 나무를 베서 이만큼의 종이를 만들려면 나무가 약 8만 그루나 필요해요. 베어 낸 자리에 심은 나무가 다시 자라기까지 시간도 아주 오래 걸린답니다. 그러니까 어떤 종이든 아껴 써야 해요. 한 번 접었던 색종이라도 쉽게 버리지 말고요!

접었다가 펴서 또 접고! 여러 번 사용해요!

색종이가 찢어지지 않았다면 잘 펴서 새로운 작품을 만들 때 또 사용해요.
찢어지거나 조각난 색종이는 보관 상자에 모았다가 모자이크 활동에 활용하고요.
종이를 아껴 쓰면 소중한 나무를 지킬 수 있어요.

- 하루에 사용할 색종이 개수 정해 놓기
- 종이는 양면 모두 쓰기 우리 반, 우리 집에 이면지함을 만들어요.
- 일주일에 하루! '종이 안 쓰는 날' 정하기

하나 더!
종이는 어떻게 만들어질까요?

종이를 만드는 방법에는 크게 두 가지가 있어요.
조림지에서 나무를 베거나, 우리가 버린 종이를 재활용하는 거예요.
종이는 재활용률이 80%가 넘기 때문에 가치가 아주 큰 친환경 자원이랍니다.

나무를 베어 종이로!

1 나무를 베요.
(그 자리에 다시 나무를 심어요.)

2 나무껍질을 벗겨 내요.

3 나무를 잘게 잘라 칩을 만들고, 칩에서 펄프를 분리해요.

4 분리한 펄프에 물, 전분 등을 섞어요.

5 완전히 말리면 **종이 완성!**

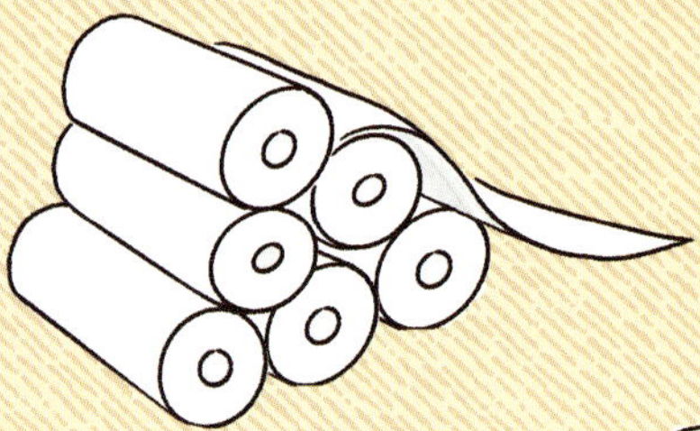

휴지, 종이컵, 키친타월, 공책, 인쇄용 종이 등이 된답니다!

분리배출한 종이 자원을 재활용하여 재생 종이로!

(종이는 대부분 재활용되므로 버려진다는 뜻이 담긴 '폐지' 대신 '종이 자원'이라고 불러요.)

1
재질에 따라 종이를 분류하여 수거해요.

2
약품을 푼 뜨거운 물에 종이를 녹여요.

3
이물질과 잉크를 없애요.

4
녹인 종이와 약물을 잘 섞어서 얇고 넓은 형태로 뽑아요.

5
완전히 말리면 **종이 완성!**

A4 용지와 책은 다시 비슷한 용도의 종이나 신문지로,

택배 상자는 다시 갈색 택배 상자로 재탄생된답니다!

앞으로 종이를 더 아껴 써야겠어! 그럼 이면지함부터 만들어 볼까?

음식물 쓰레기 줄이기

좋아하는 반찬이 나와서 평소보다 많이 받았더니 결국 남았어요.

우리나라에서 하루에 생기는 음식물 쓰레기의 양은 코끼리 3,000마리의 무게와 비슷해요. 배가 불러서 다 먹지 못하거나, 냉장고에 넣어 두었다가 잊어버리거나, 유통 기한이 지났다는 이유로 버려지는 바람에 음식이 쓰레기가 되는 경우가 많지요. 음식물 쓰레기를 처리할 때 악취가 많이 나고, 퇴비로 만드는 과정에서 온실가스인 메탄도 많이 생겨요.

먹을 수 있는 만큼만 받아요!

음식을 남기지 않는 가장 좋은 방법은 먹을 수 있는 만큼만 받는 거예요.
아무리 좋아하는 반찬이라도 욕심 내지 마세요. 모자라면 또 받으면 되니까요!

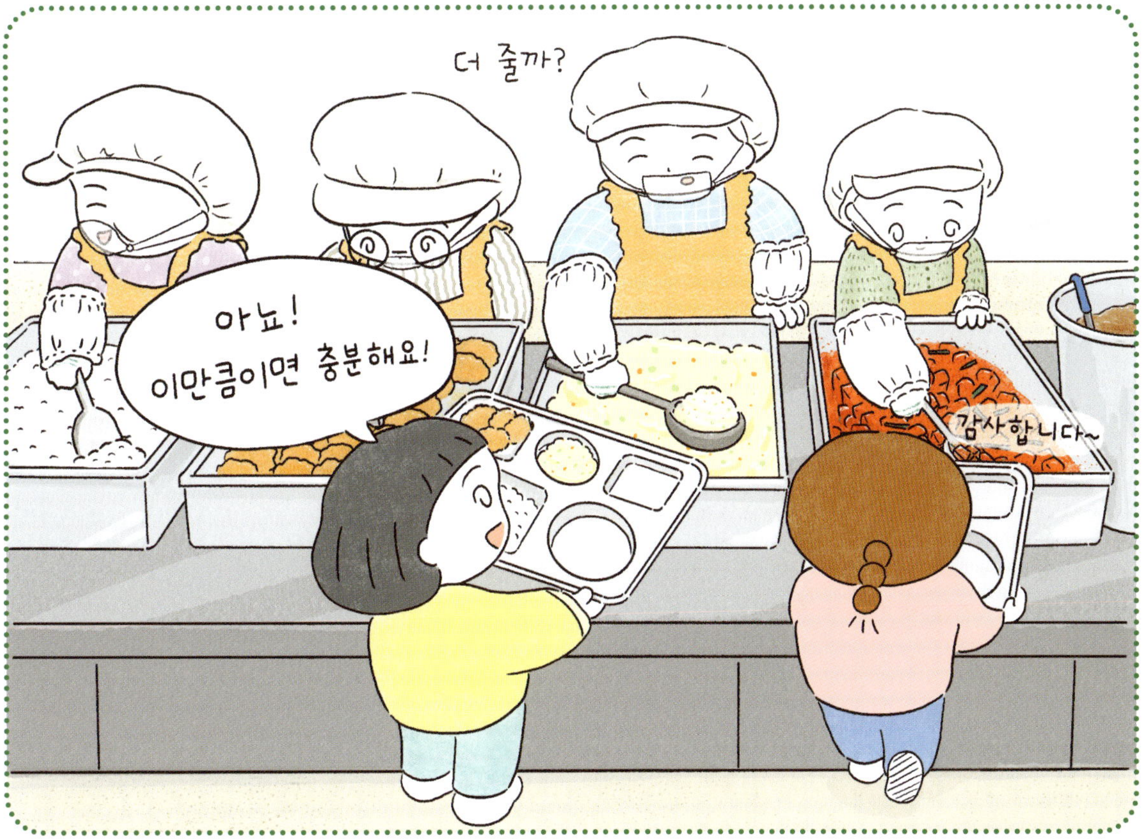

- 집에서도 식판에 먹을 수 있는 만큼만 덜어 먹기
- 유통 기한 대신 소비 기한* 알기   * 식품을 섭취해도 건강에 이상 없이 먹을 수 있는 기한이에요.
- 냉장고 안의 음식과 재료를 한눈에 알 수 있는 '냉장고 지도' 만들기

팜유 없는 제품 구입하기

학교 끝나고 집으로 가는 길, 오늘도 편의점 가서 컵라면이랑 감자 칩 사 먹을래요!

라면, 감자 칩, 초콜릿 같은 간식의 원재료에는 대개 기름야자 열매에서 뽑아낸 '팜유'가 들어 있어요. 재료를 튀길 때 팜유가 사용되면서 팜유 소비량이 크게 늘자, 결국 사람들은 열대 우림을 더 많이 태워 기름야자 농장을 만들었어요. 이 과정에서 숲에 살던 야생 동물들은 보금자리를 잃게 되었고, 이산화 탄소를 흡수하는 나무들도 사라져서 지구 온난화가 더 심해졌어요.

팜유 없는 간식을 골라요!

원재료명에 '팜유'가 있는지 확인하고, 되도록 팜유가 들어 있지 않은 간식을 골라요.
또 가족들과 요일을 정해 '팜유 없는 날'을 만들고 꾸준히 지켜 보면 어떨까요?
나의 선택이 지구와 지구에 사는 생명들에게 행복을 가져다줄 거예요.

- 간식으로 집에 있는 제철 과일이나 견과류 먹기
- 제품의 '팜 오일 프리(Palm Oil Free)' 문구 확인하기
- 멸종 위기에 처한 생명들을 찾아보고, 보호할 방법 생각해 보기

샴푸, 치약, 비누 등을 만들 때도 팜유가 사용돼요!

그린워싱에 속지 않기

초록 마크가 있는 걸 보니 친환경 세제가 분명해요. 이걸 사자고 해야겠어요!

제품에 '그린(GREEN)'이라고 적힌 마크가 있으면 왠지 환경을 해치지 않는 방법으로 만들었을 거라는 생각이 들어요. 하지만 잘 들여다보면 진짜 인증 마크가 아니거나, 친환경인 이유를 제대로 설명하지 않은 경우가 많아요. 이처럼 실제로는 환경 보호 효과가 거의 없으면서 친환경 녹색 제품인 것처럼 포장·홍보하는 것을 '그린워싱*'이라고 해요.

*그린워싱(Green washing) : '친환경'을 뜻하는 Green과 '눈속임'을 뜻하는 Whitewashing을 합친 말로, '위장환경주의'라고도 해요.

진짜 친환경 제품인지 꼼꼼하게 살펴요!

포장에 '지구를 생각한'과 같은 문구나 숲, 바다 등 자연 사진을 넣어
친환경이라고 홍보하는 제품을 보면, 어떤 면에서 친환경인지 꼭 확인하세요.
진짜 인증 마크가 있는지도 찾아보고요!

만들고, 쓰고, 버릴 때 같은 종류의
다른 제품보다 에너지를 적게 쓰고,
환경을 덜 오염시키는 제품

'저탄소 제품 기준'을
만족하는 제품 중 탄소 배출량을
평균 이하로 떨어뜨린 제품

지속 가능한 산림에서 얻은 나무나
재활용 자원을 이용해 만든 제품

동물성 성분이 들어 있지 않고,
동물 실험을 하지 않은 제품

🍀 친환경이라는 광고 문구를 보고 믿어도 될지 곰곰이 생각하기

🍀 그린워싱 기업에 환경을 진심으로 생각해 달라고 편지 쓰기

🍀 가족과 함께 친환경을 제대로 실천하는 브랜드 찾아보기

진짜 친환경 고민하기

엄마가 놀이터 갈 때는 물을 꼭 챙기라고 했어요. 놀기 불편하니까 그냥 '무라벨 생수' 사 마실래요!

생수병을 분리배출할 때는 반드시 라벨을 떼야 해요. 무라벨 생수는 그런 번거로움을 없애고 재활용률도 높일 수 있다고 하여 '친환경 생수'라고 불려요. 하지만 무라벨 생수병은 여전히 플라스틱으로 만들어지고 있다는 사실을 잊으면 안 돼요. 기업은 플라스틱병을 만들 때 온실가스가 생기는 문제는 숨기고, 재활용이 쉽다는 면만 앞세워 홍보하는 거니까요.

외출할 때는 끓인 물이나 정수기 물을 챙겨요!

진짜 친환경은 물통에 물을 담아서 가지고 나가는 거예요.
무라벨 생수처럼 친환경이라고 홍보하는 제품을 사기 전에
쓰레기를 만들지 않는 방법을 고민하는 어린이가 되어 보세요.

- 마트에서 자연 분해 쇼핑 봉투를 사지 말고 장바구니 챙겨 가기
- 과대 포장, 불필요한 플라스틱 포장재가 없는 제품 고르기
- 친환경 행사에서 주는 사은품이 진짜 환경을 위한 것인지 생각해 보기

전기 아끼기

화장실에서 나오면서 깜빡하고 불을 안 껐어요. 귀찮으니까 그냥 있을래요!

현재 우리나라에서는 전기의 절반 이상을 화석 연료*를 태워 만드는데, 이때 온실가스가 많이 배출돼요. 아무도 없는 공간에 전등을 켜 두면 지구 온난화가 앞당겨지는 거예요. 에너지도 줄줄 새고요. 반대로 우리나라의 모든 집이 동시에 5분 동안 불을 끄면 탄소 배출량도 줄이고 전기도 많이 아낄 수 있어요.

* 화석 연료 : 과거에 살았던 생물이 오랜 시간 땅속에서 화석처럼 굳어져 만들어진 연료로, 석유, 석탄 등이 대표적이에요.

다시 가서 불을 꺼요!

불 끄는 것을 자꾸 잊어버린다면 문고리 옆에 '불 끄기'가 적힌 종이를 붙여 보세요.
깜빡! 하는 횟수가 점점 줄어들 거예요. 이외에도 당장 사용하지 않는
전기 제품이 있다면 플러그를 뽑아서 전기를 아껴 보아요!

- 외출할 때는 멀티탭 전원과 전등을 껐는지 한 번 더 확인하기
- 하루에 딱 5분! 집 안의 모든 전등 끄기
- 냉장고 문 자주 열지 않기

하나 더!
오늘은 불 끄는 날!

'잠시 불을 끈다고 정말 도움이 될까?' 하는 생각이 들 수도 있어요.
하지만 작은 실천들이 모이면 아주 큰 힘이 된답니다.
불을 끄고 있는 동안 우리가 할 수 있는 일을 찾아볼까요?

3월 마지막 주 토요일*
어스 아워 (Earth Hour)

'지구를 위한 1시간'이라는 뜻이에요. 지구에 휴식을 주기 위해 밤 8시 30분부터 1시간 동안 불을 끄는 캠페인이 전 세계에서 열려요.

4월 22일
지구의 날

세계인의 환경 기념일로, 밤 8시부터 10분 동안 불을 끄는 행사를 해요. 우리나라 공공 기관도 대부분 참여한답니다.

8월 22일
에너지의 날

'불을 끄고 별을 켜다'라는 슬로건을 내세운 우리나라의 환경 기념일이에요. 밤 9시부터 5분 동안 전국에서 소등 행사를 해요.

*3월이 다섯째 주까지 있는 경우에는 넷째 주 또는 다섯째 주에 기념합니다.

- 밤 산책하기
- 불이 켜져 있는 집과 꺼져 있는 집 세어 보기

물 절약하기

수도꼭지를 틀어 놓은 채로 양치질했어요. 물이 콸콸 쏟아져요!

매일 한 사람이 사용하는 물의 양은 약 300L나 돼요. 욕조를 가득 채우고도 남을 만큼 많지요. 이 중 대부분을 가정에서 쓴답니다. 양치질하는 동안 수도꼭지를 틀어 두면 1분에 약 6L, 샤워할 때 샤워기를 튼 채로 비누칠하면 1분에 약 10L의 물을 그냥 흘려보내게 돼요. 물을 아끼지 않으면 언젠가는 마음껏 물을 사용하지 못하는 날이 올 수도 있어요.

양치 컵에 물을 받아 사용해요!

수도꼭지를 잠그는 1초의 행동으로 6L의 물을 아낄 수 있어요.
양치질할 때는 양치 컵을 꼭 사용하세요. 작은 습관들을 바꿔서 물을 아껴 보아요.

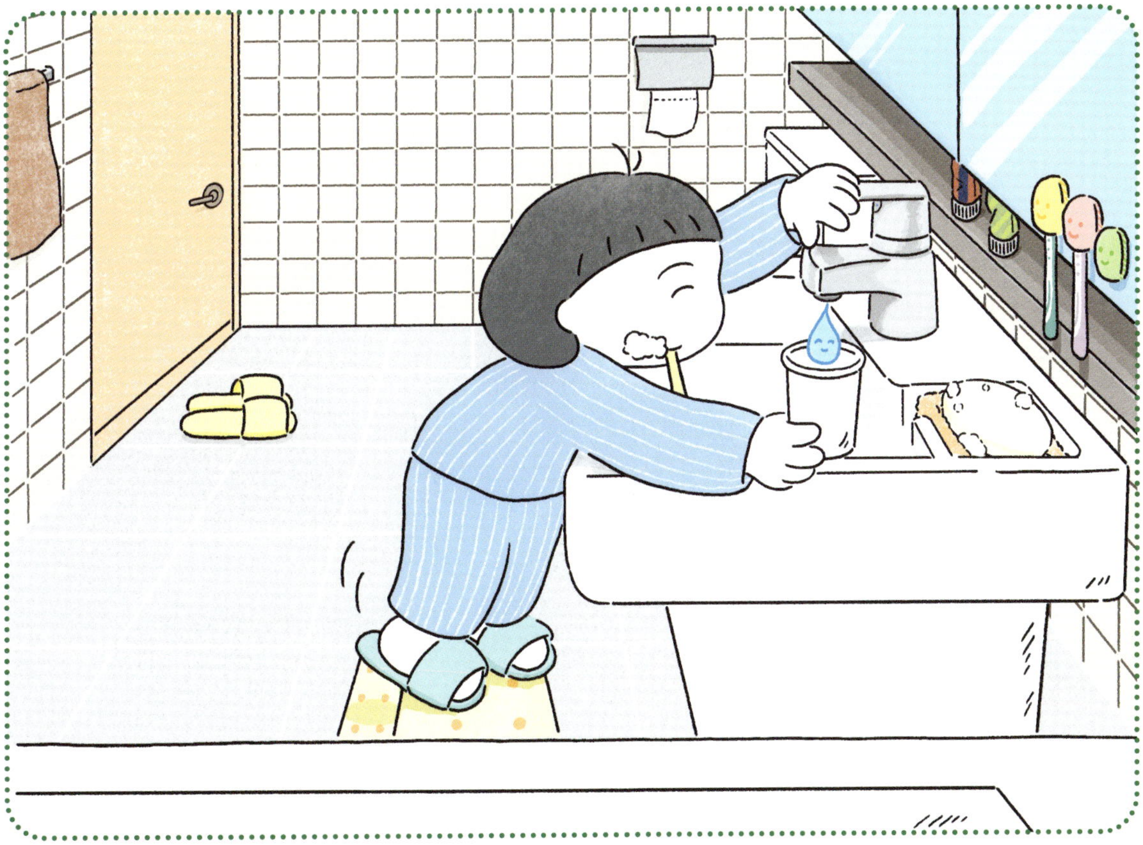

- 세수할 때는 세면대에 물 받아 사용하기
- 버려지는 플라스틱병에 빗물을 모아 화단에 물 주기
- 빨래는 모았다가 한꺼번에 하고, 설거지할 때는 설거지통 사용하기

탄소 배출 줄이기

걸어서 10분 거리에 있는 공원에서 친구와 놀기로 했어요. 차로 데려다 달라고 할래요!

일반 자동차는 대부분 석유를 연료로 사용해요. 그래서 자동차가 달리기 시작하면 온실가스가 공기 중으로 계속 배출돼요. 배기가스가 나올 때 같이 나오는 먼지는 공기를 더럽히고요. 전기차는 달릴 때 온실가스를 배출하지는 않지만, 연료인 전기를 만드는 과정에서 화석 연료를 사용하기 때문에 완전한 친환경은 아니에요.

가까운 거리는 걷거나 자전거를 이용해요!

충분히 걸을 수 있는 거리는 힘차게 걸어 봐요. 조금 먼 거리는 자전거나 대중교통을 이용해 보고요. 이렇게 하면 온실가스와 먼지를 덜 배출할 수 있어요.

- 학교가 가깝다면 되도록 걸어서 다니기
- 같은 방향으로 가는 친구 가족이 있다면 차 한 대로 함께 이동하기
- '승용차 요일제*' 참여하기   * 일주일 중 요일 하나를 정해 승용차를 운행하지 않는 거예요.

냉난방기 적정 온도 지키기

더운 여름날, 에어컨을 틀었더니 시원해졌어요! 희망 온도는 계속 18°C로 맞춰 놓을래요.

집 안이 충분히 시원해졌는데도 희망 온도를 낮게 설정해 두면 안 돼요. 에어컨이 쉴 새 없이 돌아가야 해서 전기를 계속 사용하게 되고, 이때 온실가스도 많이 배출되거든요. 또 실내가 시원해졌다고 해서 에어컨 온도는 그대로 둔 채 긴 옷으로 갈아입거나 이불을 덮는 것도 문제예요. 옷이나 이불 때문에 다시 더워지고, 그러면 또 에어컨 온도를 낮춰야 하니까요.

여름철 에어컨 적정 온도는 26℃!

희망 온도를 낮춰서 집 안이 시원해졌다면 이제 적정 온도로 올리세요.
여름철에는 날씨에 맞게 얇고, 바람이 잘 통하는 옷을 입고요!

- 에어컨을 틀 때는 선풍기도 함께 틀고, 커튼을 쳐서 햇빛 막기
- 문이나 창문을 연 채로 에어컨 틀지 않기
- 겨울에는 내복을 입고, 난방기는 실내 적정 온도 20℃로 맞추기

디지털 탄소 발자국 줄이기

언제 어디서든 스마트폰 앱으로 재밌는 영상을 스트리밍 해서 봐요!

스트리밍을 하면 영상을 보는 내내 스마트폰이 인터넷에 계속 연결되어 있어야 해요. 이때 전기가 계속 사용되고 탄소도 많이 배출되지요. 스마트폰, 태블릿 등 디지털 기기를 사용할 때 배출되는 탄소를 '디지털 탄소 발자국'이라고 하는데, 영상을 스트리밍 할 때마다 우리는 지구에 디지털 탄소 발자국을 남기고 있는 거예요.

스트리밍 대신 다운로드해서 영상을 봐요!

다운로드 방식을 이용하면 영상을 저장할 때만 스마트폰이 인터넷에 연결되기 때문에 스트리밍 할 때보다 탄소를 덜 배출할 수 있어요.
다운로드가 어렵다면 화질을 한 단계 낮추는 것도 좋은 방법이에요.

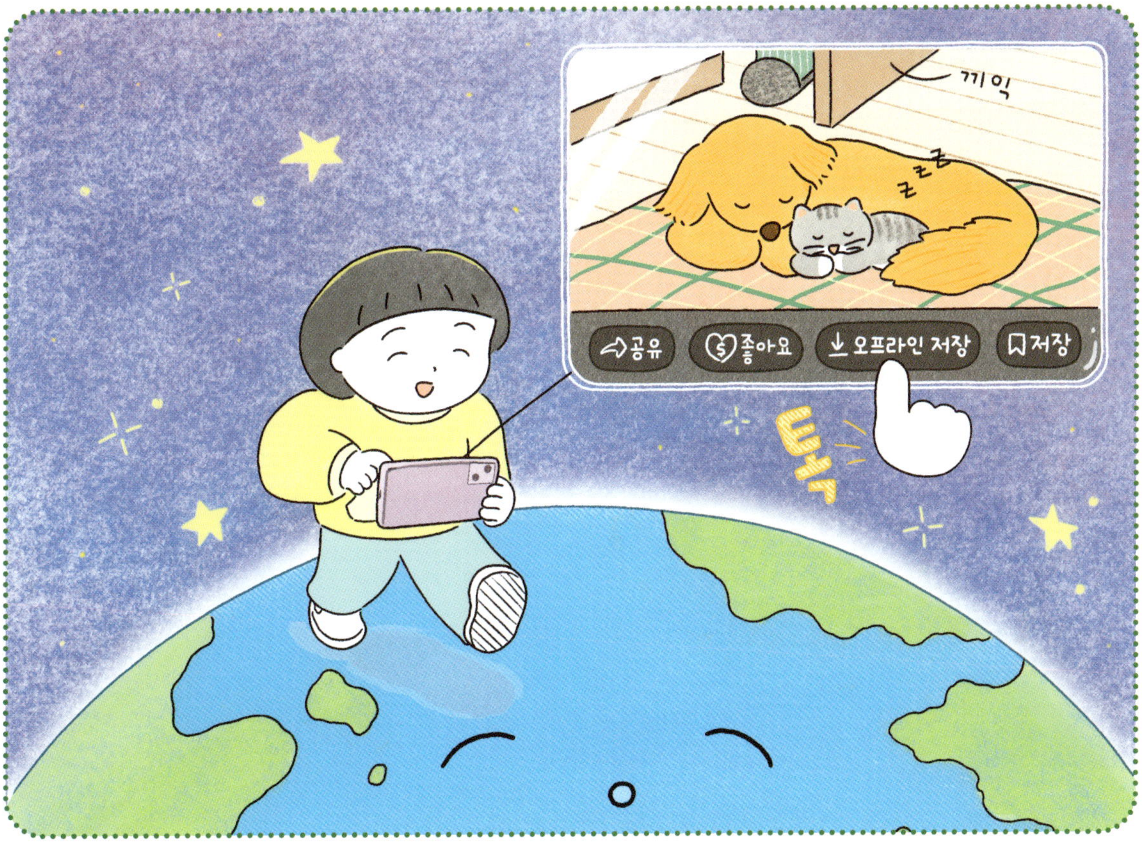

- 스마트폰 앱의 '영상 자동 재생' 설정 해제하기
- 스마트폰 화면 밝기는 낮추고 절전 모드 켜 두기
- 스마트폰을 사용하지 않는 시간 정하기

음식 탄소 발자국 줄이기

우리 집 식탁에는 매일매일 고기반찬이 있어요. 내일도 꼭 고기반찬 해 달라고 할래요!

음식이 우리 식탁에 오르기까지 발생하는 탄소의 양을 '음식의 탄소 발자국'이라고 해요. 고기 반찬은 채소 반찬보다 탄소 발자국이 훨씬 커요. 가축들이 먹을 작물을 재배하려고 숲을 농사 짓는 땅으로 만드는 과정에서 탄소가 아주 많이 발생하기 때문이에요. 또 소와 양은 먹이를 소화하면서 트림을 하고 방귀를 뀌는데, 이때 온실가스인 메탄을 많이 내뿜어요.

일주일에 하루는 고기 안 먹는 날로 정해요!

일주일에 하루만 고기를 안 먹어도 1년에 나무 15그루를 심는 효과가 있어요.
이날은 돼지고기 대신 두부와 버섯을 넣은 김치찌개처럼
동물성 재료 대신 식물성 재료만 넣은 음식을 만들어 먹는 것은 어떨까요?

- 고기 안 먹는 날을 꾸준히 지키며 매주 환경 일기 쓰기
- 우유 대신 두유 먹기
- 외국 농산물 대신 우리나라에서 생산한 농산물 선택하기

운송 과정에서 발생하는 탄소를 줄일 수 있어요!

하나 더!
고기가 식탁에 오르기까지

식탁 위 고기 음식은 얼마 전까지만 해도 살아 있던 동물이었어요.
달걀, 우유 역시 암탉과 젖소에게서 얻은 것들이지요.
식재료가 되는 동물들은 어떻게 살다가 우리 식탁에 오르는 걸까요?

닭

수평아리는 알을 낳을 수 없기 때문에 태어나자마자 성별 감별을 받은 뒤 잔인한 방법으로 죽게 돼요.

으악, 살려 줘!

수평아리

날개도 펴기 어렵네….

살아남은 암평아리는 암탉이 되어 구멍 뚫린 케이지에서 알을 낳으며 살아요.
아주 좁은 공간에서 답답하게 생활하면서요.

그때는 정말 아팠어.

스트레스를 많이 받은 닭은 옆에 있는 닭을 부리로 쪼기도 해요.
그래서 사람들은 병아리가 닭으로 자라기 전에 부리를 짧고 뭉뚝하게 잘라요.

뭉뚝

소

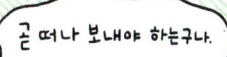

송아지가 태어나면 젖을 한 번 물린 후
엄마 젖소와 떨어뜨려 놓아요.
이후 암송아지는 젖소로,
수송아지는 고기소(육우)로 길러져요.

암송아지는 태어난 지 1년이 되면
인공 수정을 통해 임신을 하고,
출산 후 두 달이 지나면 다시 임신을
해야 해요. 사람들은 젖소의 젖이
나오는 동안 매일매일 젖을 짜요.

돼지

돼지는 '스톨'이라고 불리는
우리에서 자라요.
스톨은 한번 들어가면 몸을
돌리지 못할 정도로 작아요.

스트레스를 받은 돼지는
다른 돼지의 꼬리를 물어뜯기도 해요.
그래서 사람들은 아기 돼지가 태어나면
꼬리를 짧게 자르고, 송곳니도 뽑아 버려요.

화학 물질 노출 줄이기 ①

물건을 사고 받은 종이 영수증을 주머니에 구겨 넣었어요!

영수증에는 열을 가하면 글씨가 잘 나타나게 하는 화학 물질인 '비스페놀A'가 들어 있어요. 이 화학 물질은 몸속에 들어와 정상 호르몬의 활동을 방해하는 '환경 호르몬'이에요. 주로 피부를 통해 흡수되는데, 젖거나 로션을 바른 손으로 영수증을 만지면 우리 몸에 더 빠르게 흡수된답니다. 또 종이 영수증은 대부분 금방 버려지기 때문에 엄청난 양의 쓰레기가 돼요.

필요 없는 영수증은 받지 않아요!

괜히 영수증을 받아서 쓰레기를 만들지 말고 "안 주셔도 돼요!"라고 말해요.
필요해서 영수증을 받았다면 잘 넣어 두고, 바로 비누로 손을 씻어요.

- 영수증이 꼭 필요한 경우에는 되도록 전자 영수증 받기
- 채소와 과일은 흐르는 물에 30초 이상 씻어서 먹기
- 플라스틱 용기보다는 유리나 스테인리스 용기 사용하기

화학 물질 노출 줄이기 ②

친구랑 문구점에 가서 새하얀 공책과 딸기 향 나는 사인펜을 샀어요!

흰 종이에는 형광 물질이 들어 있어요. 종이를 새하얗게 만들 때 사용하는 화학 물질인데, 우리 몸에 이롭지 않아요. 향이 강한 학용품에 들어 있는 일부 향료에는 독성 물질이 있어서 주의해야 하고요. 적은 양이라도 유해 화학 물질에 오래 노출되면 알레르기가 생기고, 성장이 더뎌질 수 있어요. 또 몇몇 화학 물질은 자연에서 잘 분해되지 않아 생태계를 오염시키기도 해요.

덜 하얀 공책, 향이 나지 않는 사인펜을 골라요!

우리 몸과 환경에 나쁜 영향을 주는 화학 물질은 최대한 멀리해요.
학용품을 살 때는 재생 종이로 만든 공책, 향이 없는 펜을 고르면 더 좋겠지요?

✦ 말랑한 비닐 재질의 필통 대신 천이나 종이 재질의 필통 사용하기

✦ 학용품이나 생활용품을 사용하기 전에 설명서 꼼꼼히 읽기

✦ 향이 강한 방향제나 향초는 자주 사용하지 않기

옷 오래 입기

유행이 지난 옷은 입기 싫어요. 모두 의류 수거함에 버릴래요!

의류 수거함에 버려진 옷은 어디로 갈까요? 100벌 중 약 5벌만 우리나라에서 재활용되고 나머지는 인도, 말레이시아, 가나 등에 팔려요. 하지만 다시 판매하기 어려운 상태의 옷이 많아서 대부분 또다시 버려져요. 제대로 된 폐기 시설이 없는 나라에서는 옷들이 강에 그대로 버려지는 경우도 많답니다. 이렇게 버려진 옷이 완전히 썩으려면 200년이 넘게 걸려요.

 **이렇게 해요!**

싫증 났다고 버리지 말고, 오래오래 입어요!

옷은 재활용이 거의 안 되기 때문에 옷을 살 때는 꼭 필요한지, 유행 따라 사는 건 아닌지 돌아보세요. 한번 산 옷은 최대한 오래오래 입고요!

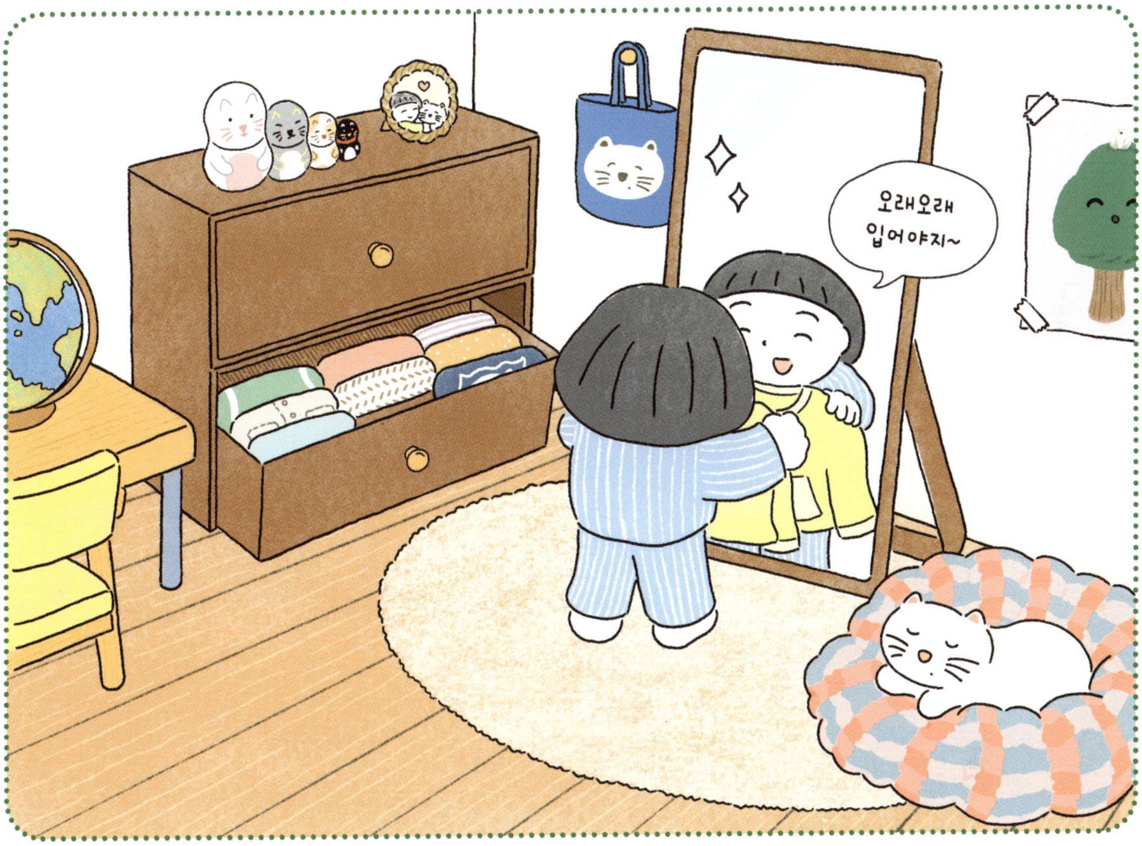

- 구멍 난 옷은 버리지 말고 수선해서 입기
- 비슷한 체형의 친구와 옷 바꿔 입기
- 옷들이 한눈에 보이도록 가지런하게 정리하기

생태 감수성 기르기 ①

교실에 벌이 날아들어 왔어요.
우리를 공격할까 봐 빗자루를 마구 휘둘렀어요!

벌이 내 주위를 날아다니면 벌침에 쏘일까 봐 무서워서 벌을 쫓게 되는데, 사실 벌은 꽃이 열매 맺는 데 꼭 필요한 존재예요. 최근에는 기후 변화로 겨울이 따뜻해지면서 봄이 왔다고 착각한 벌들이 활동하다가 한꺼번에 죽기도 했어요. 벌이 제 역할을 하지 못하면 꽃이 열매를 맺을 수 없답니다. 모두에게 없어서는 안 될 벌을 함부로 대하지 마세요!

이렇게 해요!

벌이 스스로 나갈 수 있도록 창문을 열어요!

실내에 벌이 들어오면 먼저 불을 끄고 공간을 어둡게 만들어요.
그런 다음 창문을 열고 벌이 스스로 나갈 때까지 조용히 기다려 주세요.

지구를 위한 또 다른 실천

- 야외에 벌이 좋아하는 식물을 심고 기르기
- 살충제 대신 '천연 곤충 기피제*' 뿌리기 *곤충이 싫어하는 향을 넣은 약으로, 이 약을 뿌리면 곤충이 다가오는 것을 막을 수 있어요.
- 몸집이 작고 약한 동물을 괴롭히지 않기

생태 감수성 기르기 ②

주말에 가족들과 함께 돌고래 보러 아쿠아리움에 다녀왔어요!

돌고래는 바다에서 매일 수십 km를 헤엄쳐요. 넓은 곳에서 자유롭게 놀던 돌고래에게 수족관은 아주 좁고 답답한 공간이지요. 돌고래는 초음파로 대화하는데, 수족관에서는 초음파가 금방 벽에 부딪쳐 소음으로 돌아와요. 여러 이유로 심한 스트레스와 이명(외부 소리 자극 없이도 소리를 느끼는 현상)에 시달리는 수족관 돌고래들은 바다 돌고래보다 일찍 죽는 경우가 많아요.

돌고래는 바다에 가서 만나요!

아쿠아리움 대신 바다에서 돌고래를 관찰해요.
배를 타고 가까이 가면 돌고래가 다칠 수 있으니 육지에서 지켜보세요.

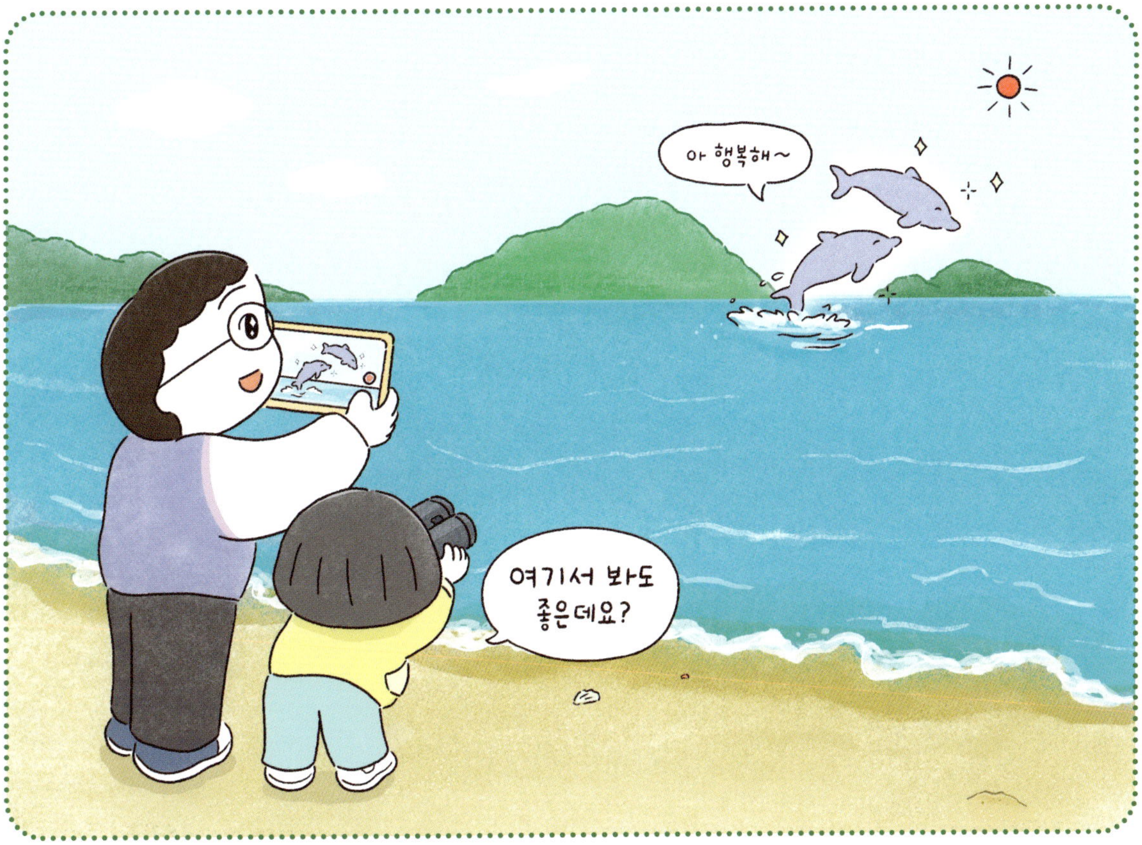

- 아쿠아리움에 갔다면 유리를 두드리거나 카메라 플래시 터뜨리지 않기
- 야생 동물이 궁금할 때는 다큐멘터리 시청하기
- 야생 동물을 만나면 사람이 먹는 간식을 함부로 주지 않기

생태 감수성 기르기 ③

햇볕이 쨍쨍한 날! 지렁이가 길 위에서 꼼짝 못 하고 있어요. 모르는 척 지나갈래요.

비가 와서 땅속에 물이 차면 지렁이는 숨을 쉬려고 땅 위로 올라와요. 그러다 햇볕이 쨍쨍해지면 꼼짝없이 말라 죽지요. 사실 지렁이는 알고 보면 식물과 흙을 튼튼하게 해 주는 고마운 존재예요. 땅속에 길을 내서 식물 뿌리가 잘 자리 잡을 수 있도록 해 주거든요. 또 지렁이 똥은 흙의 영양분이 되어 주기도 하고요. 낯선 생김새 때문에 다가가기 어려워도 용기를 내 보세요!

이렇게 해요!

지렁이를 그늘진 땅으로 옮겨 주세요!

손으로 옮기기 어렵다면 나뭇가지나 풀잎을 이용해도 좋아요.
지렁이가 흙을 건강하게, 식물을 튼튼하게 해 줄 수 있도록 우리가 도와줘요.

- 비 오는 날에는 달팽이 같은 동물이 밟히지 않도록 발아래 잘 살피기
- 재미로 곤충 채집 하지 않기
- 숲, 공원에 가만히 앉아 주변 소리에 귀 기울이며 생명의 소중함 느끼기

생물 다양성 지키기

산에 가니 바닥에 도토리가 많이 떨어져 있어요. 잔뜩 주워서 집에 가져갈래요.

바닥에 떨어져 있는 도토리는 주인이 없는 것처럼 보이지만, 사실은 다람쥐, 어치, 멧돼지 등 겨울나기를 준비하는 동물들의 소중한 식량이에요. 우리가 귀엽고 예쁘게 생긴 도토리를 재미 삼아 한 움큼씩 가져가면 산에 사는 야생 동물들은 먹이를 빼앗겨 춥고 배고픈 겨울을 보내게 될 수도 있어요!

 **이렇게 해요!**

도토리는 동물들을 위해 그 자리에 두어요!

산속 열매를 집에 가져오고 싶은 마음이 들어도 사진으로 남기거나 눈에만 담아요.
우리가 조금만 욕심을 내려놓으면 많은 생명이 함께 살아갈 수 있답니다.

 *지구를 위한* **또 다른 실천**

- 겨울철 먹이가 부족한 새들을 위해 먹이터(버드피더) 만들기
- 겨울철에 열매를 모두 따지 말고 동물들의 먹이로 한두 개 남겨 두기
- 더운 여름에는 물그릇을 만들어 야외에 놓아두기

생태계 지키기

가족들과 바닷가에 놀러 갔어요.
밤에 폭죽을 터뜨리며 불꽃놀이했어요!

폭죽을 터뜨리면 화약을 담고 있던 플라스틱이 모래사장에 떨어져요. 이 플라스틱이 작게 쪼개지면 새들은 먹이로 착각해서 삼켜 버린답니다. 시간이 흘러 조각들이 더 잘게 부서지면 미세 플라스틱이 되어 생태계를 위협하기도 하고요. 폭죽을 터뜨릴 때 나오는 화학 물질도 공기를 오염시키기 때문에 환경에 결코 좋지 않아요.

이렇게 해요!

불꽃놀이 대신 다른 방법으로 바닷가를 즐겨요!

모래사장에 앉아서 밤하늘에 빛나는 별자리를 찾아볼까요?
바다 생물을 위해 모래사장을 걸으며 쓰레기도 주워 보고요.
우리도, 동물도, 바다도 모두 행복해질 거예요!

지구를 위한 또 다른 실천

🍀 하늘로 연, 풍선 등을 날리지 않기

🍀 '폭죽 금지' 캠페인을 더 적극적으로 해달라고 시·군·구청에 편지 쓰기

🍀 야외에서 놀고 난 후, 내가 만든 쓰레기 챙겨 가기

 ## 도전! 우리 동네 플로깅

'플로깅'은 천천히 달리며 쓰레기를 줍는 것으로, 지구 환경도 지키고 운동도 할 수 있는 실천 행동이에요. 여러분이 쓰레기를 줍다가 뒤돌아보았을 때 길이 깨끗하다면 정말 뿌듯하겠지요? 그림의 미로를 빠져나가며 쓰레기를 주워 보세요!

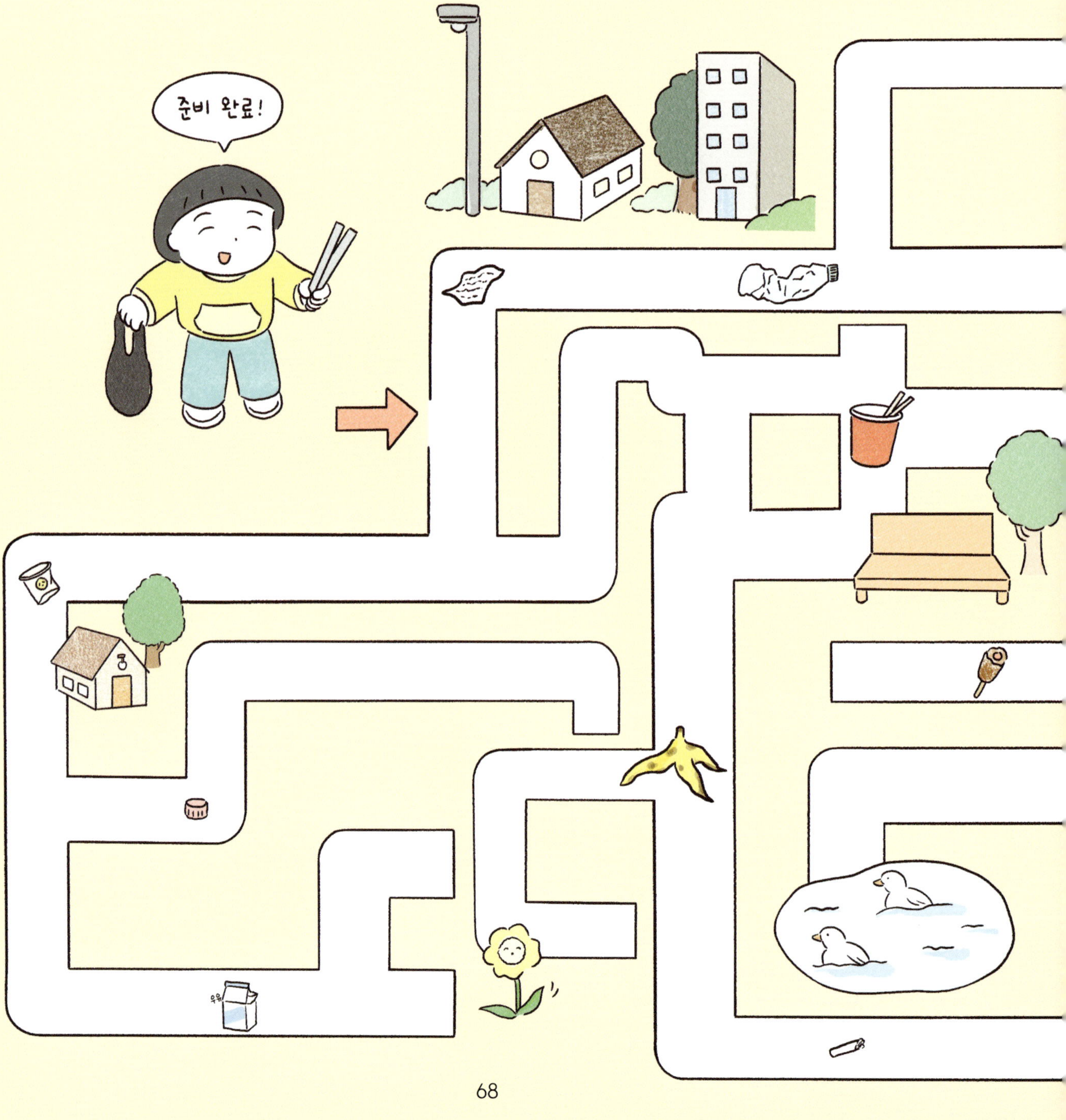

우리 땅에서 나는 작물은 외국에서 수입해 오는 작물보다 키우고, 수확하고, 배송하는 과정에서 탄소를 훨씬 덜 배출해요. 방부제, 성장 조절제 등 화학 약품을 적게 쓰기 때문에 우리 몸에도 좋답니다. 다음 두 그림에서 다른 곳 7군데를 찾아 ○표 해 보세요.

바다를 깨끗하게 만들어요!

깨끗했던 바다에 더러운 쓰레기들이 떠다니기 시작했어요.
실제로 태평양에는 쓰레기가 계속 쌓여 한반도의 일곱 배나 되는 쓰레기 섬이 생겼답니다.
'숨어 있는 쓰레기 7개'를 찾아 아래 그림에 ○표 해 보세요.

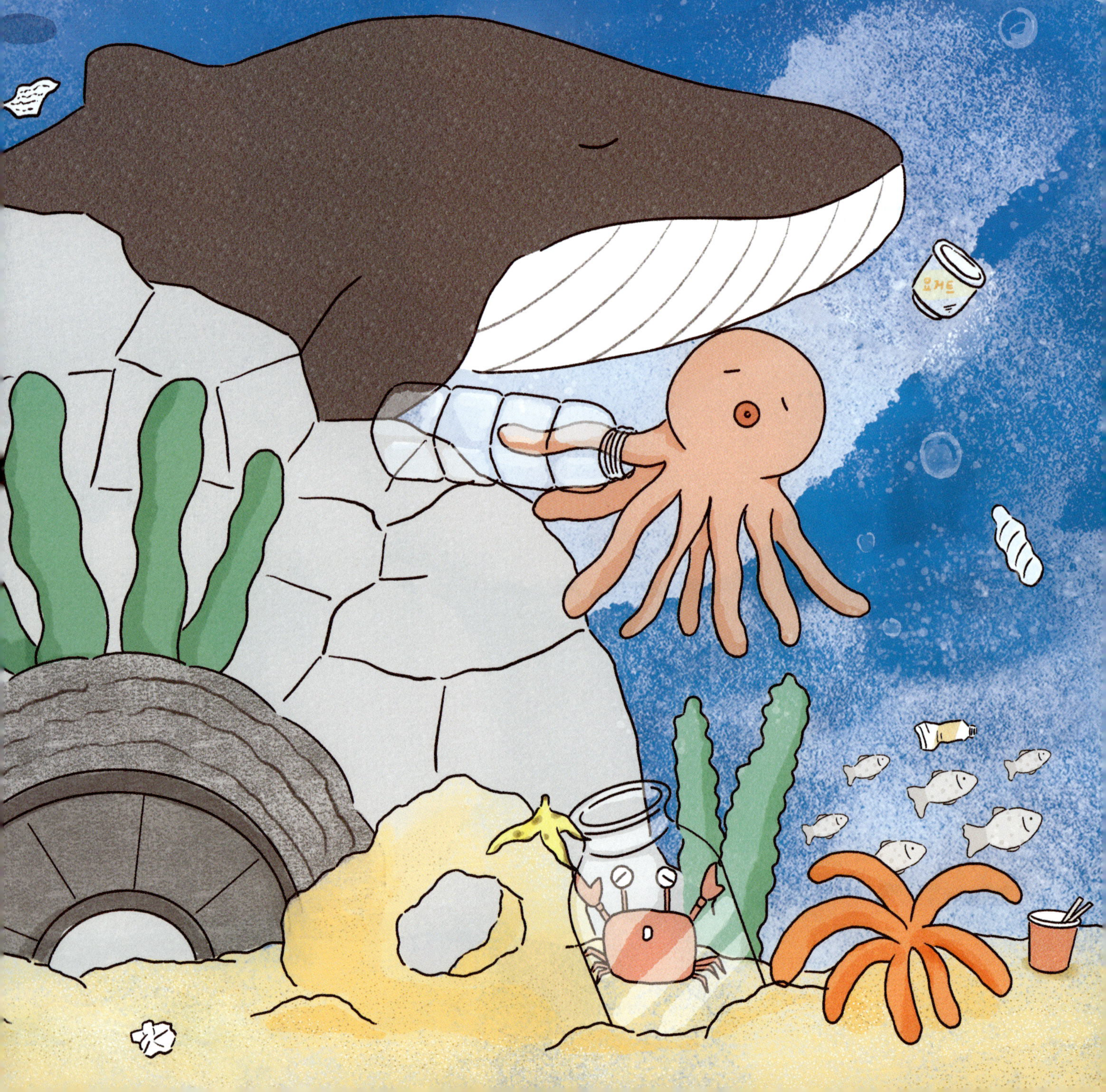

오랑우탄을 구해 주세요!

사람들이 더 넓은 팜유 농장을 만들려고 열대 우림을 없애자, 이곳에 살던 오랑우탄이 멸종 위기에 처했어요. 1부터 60까지 순서대로 점을 이어 오랑우탄을 완성해 보고, 열대 우림을 색칠해 오랑우탄이 행복하게 살 수 있도록 도와주세요.

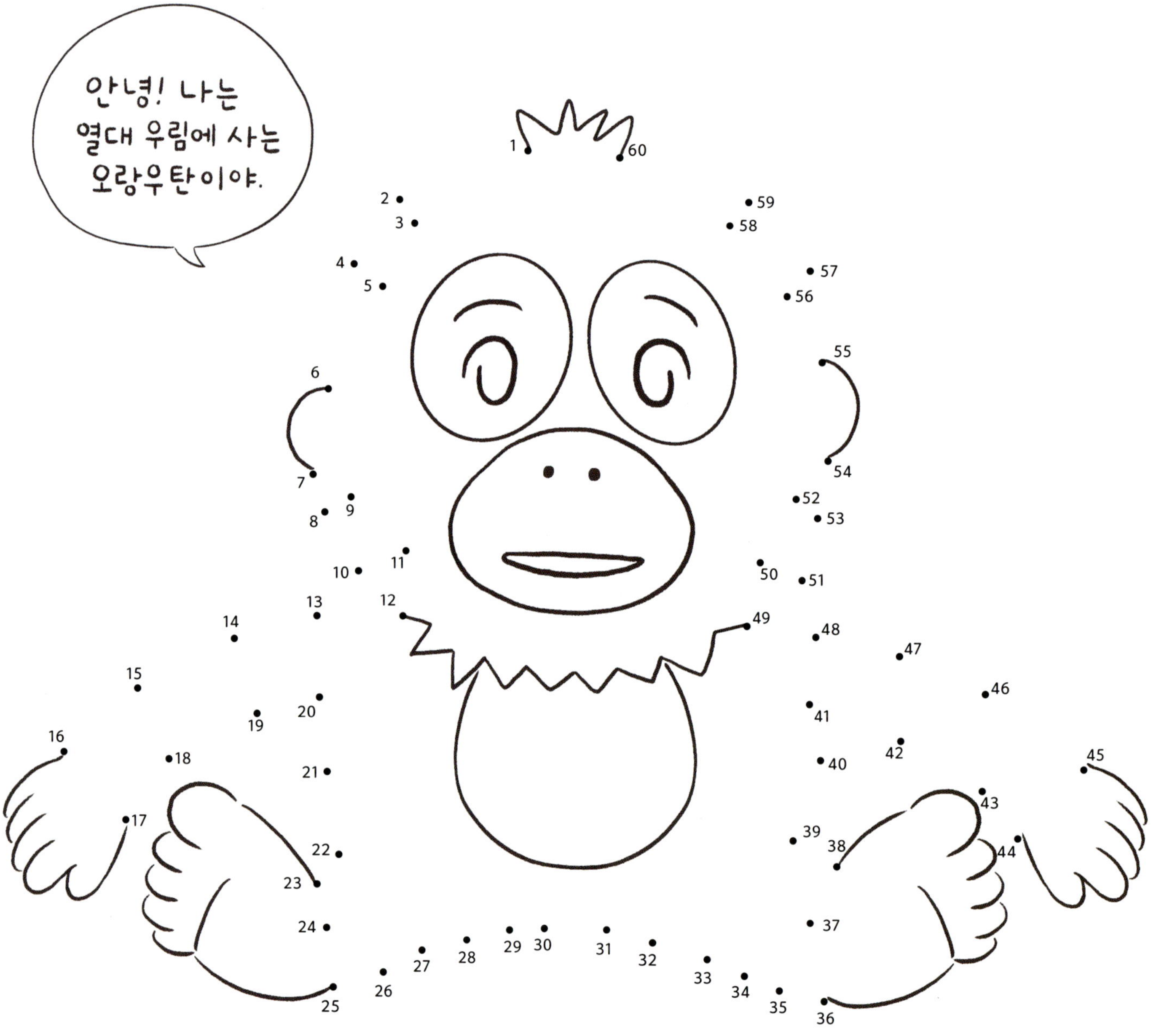

같이 해요! 선택하기 — 오늘부터 매일매일 환경 실천!

여러분이라면 다음과 같은 상황에서 어떻게 할 것 같나요? 두 선택지 중 환경을 지키기 위해 노력하는 올바른 행동을 고르고 실천해 보세요. 나의 작은 용기가 세상을 바꿀 테니까요!

바닥에 음료수를 흘렸을 때

- 물티슈로 닦기
- 걸레로 닦기

택배 상자를 버릴 때

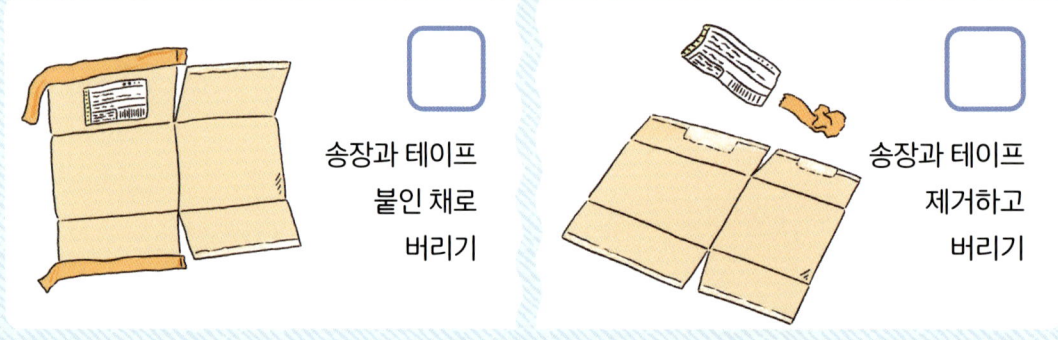

- 송장과 테이프 붙인 채로 버리기
- 송장과 테이프 제거하고 버리기

비누칠할 때

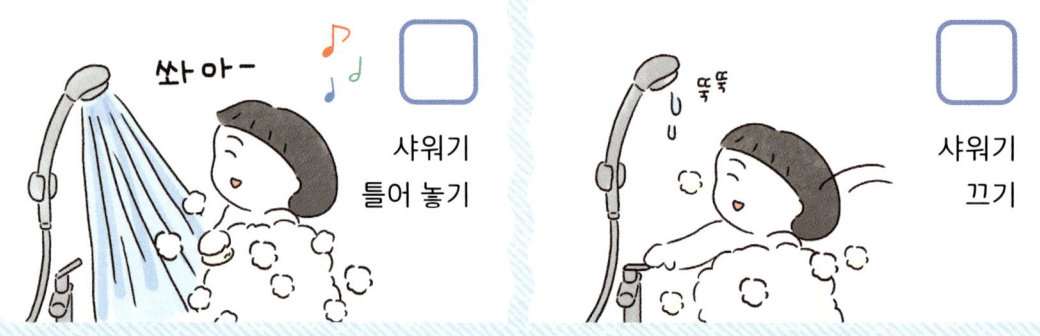

- 샤워기 틀어 놓기
- 샤워기 끄기

마트에서 쇼핑할 때

구입 목록 미리 작성해 가기 ☐   둘러보며 물건 마구 담기 ☐

겨울철에는

난방 온도 30°C로 맞추고 반소매, 반바지 입기 ☐   난방 온도 20°C로 맞추고 긴 옷 입기 ☐

스마트폰 화면 밝기는

중간 정도로 낮추기 ☐   항상 밝게 하기 ☐

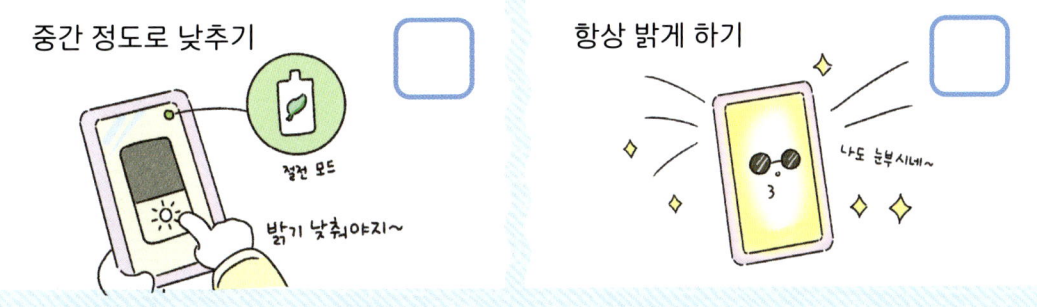

돌고래를 만나고 싶을 때

관광 선박을 타고 바다로 나가기 ☐   육지에서 관찰하기 ☐

정답은 80쪽에 있습니다.

어른들에게

**어른들의 아낌없는 칭찬과 지지는
지구 환경을 지키는 아이에게 큰 힘이 됩니다**

　환경을 보호해야 한다는 사실은 누구나 알고 있지만, 생활 속에서 그 방법들을 꾸준히 실천하기란 쉽지 않습니다. 알고 있는 것을 행동으로 옮기려면 어떻게 해야 할까요? 바로, 지식을 자신의 것으로 만드는 '내면화'가 필요합니다. 이를 위해서는 우리가 자연의 일부이고 자연과 연결되어 있다는 것을 깊이 깨닫는 것, 즉 '환경 감수성'을 키워야 하지요. 환경 감수성은 일상에서 사고, 쓰고, 먹고 버리는 모든 것이 자연과 어떻게 연결되어 있는지 생각해 보는 마음가짐에서 시작됩니다.

　《오늘부터 매일매일 환경 실천》은 아이가 일상에서 자주 접하는 25가지 상황을 보여 주며 환경 감수성을 키울 수 있도록 돕습니다. 본문 속 장면들을 일상에서 마주할 때 아이와 환경에 관한 이야기를 나누어 보세요. 예를 들어 무더운 여름날, 에어컨을 켜고 무작정 온도를 낮추려는 아이에게 "에어컨을 켜기 전에 온실가스를 줄이면서 방 안을 시원하게 할 다른 방법이 있을까?" 질문해 보세요. 아이는 선풍기를 틀어 보자고 하거나, 커튼을 쳐서 햇빛을 막아 보자는 아이디어를 낼 수도 있을 거예요. 결국 에어컨을 켜게 되더라도, 스스로 친환경적인 대안을 고민하고 자기 생각을 표현하는 과정을 경험한 덕분에 아이의 환경 의식은 쑥쑥 자라날 거예요.

　또 즐거운 놀이를 하듯 환경 실천에 도전해 보세요. 마트에 가서 팜유가 들어 있지 않은 과자나 친환경 마크가 있는 학용품을 찾다 보면 숨은그림찾기 놀이가 되고, 산책할 때 동네 곳곳에 버려진 쓰레기를 주우면 플로깅 놀이가 될 수 있어요. 이처럼 환경 실천이 놀이가 되면 아이는 재미와 뿌듯함을 느끼게 되고, 더 적극적으로 환경 실천을 하고 싶어질 거예요. 자연스럽게 환경을 보호해야 한다는 책임감도 길러질 테고요.

　때로는 아이의 실천이 아주 사소해 보일 수도 있습니다. 그럴 때일수록 아낌없이 칭찬해 주고 지지해 주세요. 아이가 배달 음식을 주문할 때 불필요한 일회용품과 반찬을 거절하고 싶다고 말한다면 기꺼이 아이의 선택을 존중해 주세요. 나아가 어른이 '용기내 캠페인(음식점에 다회용기를 가져가서 음식을 담아

오는 것)'에도 도전해 보자고 먼저 제안한다면 아이는 지구를 지킬 수 있다는 더 큰 용기와 희망을 얻게 될 거예요. 이 모든 경험은 우리 아이들이 매일 지구를 지키는 씩씩한 '환경 지킴이'로 성장하는 데 든든한 밑거름이 돼 줄 것입니다.

이 책을 읽는 다양한 방법

먼저 프롤로그 만화를 함께 읽으며 아이가 지구를 위해 할 수 있는 일이 있다는 기대감을 심어 주세요. 그런 다음 생활 속 25가지 상황을 담은 본문 그림을 찬찬히 살펴보세요. 처음부터 모든 내용을 꼼꼼하게 읽을 필요는 없습니다. 그림을 가볍게 훑어보며 아이에게 비슷한 경험이 있는지 물어보고 대화를 나눠 보세요. 예를 들어 아이가 "나도 담벼락 구멍에 쓰레기를 넣었던 적이 있어요."라거나 "이면지함을 만들어 종이를 다시 쓰고 있어요!"라고 말하면, 이를 계기로 환경에 관해 더 깊은 이야기를 나눌 수 있습니다. 그러다 아이가 지구 환경을 해치는 행동이 왜 문제가 되는지, 우리가 어떻게 하면 지구를 지킬 수 있는지 궁금해하면, 그림과 함께 글을 읽어 보세요. 이 과정을 통해 아이는 우리의 작은 행동 하나하나가 자연과 많은 생명에 큰 영향을 미치고, 우리가 함께 살아가는 세상을 더 나은 곳으로 만들 수 있다는 사실을 자연스럽게 깨닫게 될 것입니다.

책을 읽다가 실천해 보고 싶은 행동이 나오면 플래그를 붙여 표시해 보세요. 이렇게 모아 둔 실천 행동을 바탕으로 가족이나 반 친구들과 환경 미션을 정해 보는 것도 좋은 방법입니다. 정한 미션은 아이와 어른 모두가 생활 속에서 꾸준히 실천해 보세요. 환경 문제나 실천에 큰 관심이 없는 아이라면, 책의 뒷부분에 수록된 '같이 해요!' 활동부터 시작해 보세요. 미로찾기, 숨은그림찾기, 다른그림찾기, 색칠하기 등 재미있는 활동을 하면서 자연스럽게 환경에 관한 관심과 환경 지식을 키울 수 있으니까요.

_ 정다빈(초등학교 교사·초등환경교육연구회 '지구하자' 초대 회장)

현직 초등학교 교사·환경 교육 전문가 강력 추천

🌐 환경 감수성을 길러 주는 탁월한 책입니다. _권성희

🌐 지구 환경을 해치는 잘못된 행동을 돌아보게 합니다. _이해인

🌐 재미있는 그림과 쉬운 설명으로 환경 실천을 돕습니다. _김나영

같이 해요! 정답

68~69쪽

70~71쪽

72~73쪽

76~77쪽

물건을 최대한 재사용하는 정다빈
어린이의 생태 감수성을 깨우는 일에 힘쓰고 있는 초등학교 교사입니다. 초등환경교육연구회 '지구하자'를 만들어 환경 교육에 대해 꾸준히 연구하고 있으며, 아이들보다 지구에 먼저 태어난 지구인으로서 부끄럽지 않은 사람이 되기 위해 매일 일상 속 환경 행동을 실천하고 있습니다. 쓴 책으로 《열두 달 지구하자》, 《내일도 지구가 안녕하면 좋겠어!》, 《사계절 생태 환경 수업》 등이 있습니다.
블로그 blog.naver.com/bbiggu555

일회용 컵 대신 다회용 컵을 사용하는 배누
매일 반짝이는 순간을 만나 글과 그림으로 담습니다. 초록 풀잎을 스치는 바람, 몽실몽실 뭉게구름, 투명한 아침 이슬을 보며 힘을 얻습니다. 건강한 지구를 위해 일상에서 작은 친환경 행동을 하나씩 실천하려고 노력합니다. 쓰고 그린 책으로 《마음의 물리치료실》이 있으며, 그린 책으로 《아픔에도 우선순위가 있나요?》, 《오리와 바다》, 《오늘은 댕댕이》 등이 있습니다.
인스타그램 @benu_uuuu

오늘부터 매일매일 환경 실천

초판 1쇄 인쇄 2025년 4월 10일
초판 1쇄 발행 2025년 4월 22일

글 정다빈 그림 배누
발행인 양원석 발행처 (주)알에이치코리아(등록 2004년 1월 15일 제2-3726호)
본부장 김문정 편집 박진희, 김하나, 정수연, 고한빈 디자인 조은영, 김민
해외저작권 안효주 마케팅 안병배, 박겨울, 김연서 제작 문태일, 안성현
주소 서울시 금천구 가산디지털2로 53, 20층(한라시그마밸리)
편집 문의 02-6443-8921 도서 문의 02-6443-8800
홈페이지 rhk.co.kr 블로그 blog.naver.com/randomhouse1
인스타그램 @junior_rhk 페이스북 facebook.com/rhk.co.kr

글 ⓒ 정다빈 그림 ⓒ 배누
이 책은 저작권법에 의해 보호받는 저작물이므로 무단 전재와 복제를 금합니다.

ISBN 978-89-255-7389-2 77400

• 제조자명 (주)알에이치코리아 | 제조국명 대한민국 | 사용연령 4세 이상
• 종이에 손이 베이거나 모서리에 다치지 않게, 책을 던지거나 떨어뜨리지 않게 주의하세요.
• 잘못 만들어진 책은 구입하신 곳에서 바꾸어 드립니다.
• KC마크는 이 제품이 공통안전기준에 적합하였음을 의미합니다.